QUELQUES MOTS

SUR LE

RÔLE DE LA FRANCE

PAR RAPPORT

à l'OEuvre de Régénération religieuse et sociale

TRÈS-PROCHAINEMENT ATTENDUE

Par l'abbé J. BOUDON

ANCIEN CURÉ A PARDAILLAN (LOT-ET-GARONNE)

DEUXIÈME ÉDITION

BAR-LE-DUC

TYPOGRAPHIE DES CÉLESTINS — BERTRAND

1878

AUX AMIS DE LA MONARCHIE

Bar-le-Duc — Typ. des Célestins — Bertrand

QUELQUES MOTS

SUR LE

ROLE DE LA FRANCE

PAR RAPPORT

à l'Œuvre de Régénération religieuse et sociale

TRÈS-PROCHAINEMENT ATTENDUE

Par l'abbé J. BOUDON

ANCIEN CURÉ A PARDAILLAN (LOT-ET-GARONNE)

DEUXIÈME ÉDITION

BAR-LE-DUC

TYPOGRAPHIE DES CÉLESTINS — BERTRAND

1878

On lit dans *l'Extrême Droite*, de Nîmes, du 16 janvier 1876 :

« La typographie des Célestins, à Bar-le-Duc, publie un opuscule de M. l'abbé J. Boudon, qui se recommande aux amis de la monarchie. Il traite excellemment ce sujet : *Quelques mots sur le rôle de la France par rapport à l'Œuvre de Régénération religieuse et sociale très-prochainement attendue.*

« Voici en substance ce travail :

« Ce n'est pas en vain que la France, le grand missionnaire de Dieu, a été si longtemps liée à l'ancienne famille de nos rois. Depuis Clovis, notre pays a été la main du Seigneur ici-bas. Mais depuis un siècle il y a eu un fatal divorce entre l'un et l'autre. La France n'est pas finie, elle doit redevenir grande ; mais cette grandeur est subordonnée à sa réconciliation avec Dieu. Une ère glorieuse est proche, et sur les pas de la nation privilégiée, les autres peuples viendront serrer la main à l'Eglise.

« Les esprits positifs et la demi-science refusent de croire à cette prédestination. Mais Seth, Abraham, Noë, Isaï, père de David, ne rappellent-ils pas des races marquées du sceau divin ? La succession de nos souverains a été appelée au même honneur. Malheureusement, par suite d'une expiation méritée, arriva la Révolution. Celle-ci invoque pourtant en vain des raisons d'être ; le Roi-Martyr avait accepté la réparation des atteintes portées à notre constitution antique, et ôté ainsi tout prétexte.

« La Révolution a été inique dans toute sa conduite : la féodalité, terrassée sous Louis XIV, exigeait le pouvoir d'un seul, le peuple n'étant pas encore mûr pour exercer la plénitude de la liberté. Louis XV fut dissolu, mais non pas despote. Avant ces deux souverains et sous leurs règnes, la magistrature et le commerce étaient le partage des plébéiens. Les soldats de la République triomphant de la coalition européenne, indiquent une nation qui ne sortait pas de l'esclavage. Le duc de Bourgogne et le dauphin, son petit-fils, n'auraient-ils pas été sur le trône des princes comme Louis IX ? Ainsi, la liberté n'est pas nouvelle en France, et le vrai despotisme, c'est la Révolution.

« La Révolution a fait litière de la vérité historique, et voilà que, par elle, nous sommes le maudit antique à qui rien ne prospère ici-bas. Une mystérieuse pensée travaille nos temps, celle de la prochaine apparition d'une figure, portant en elle la solution de ce problème énoncé en trois mots : la France, l'Europe, l'Eglise. Cette grande figure sera le roi.

« L'Apocalypse, dans la partie de ses profondeurs où nous pouvons pénétrer, nous révèle cet homme immense, comme elle nous représente Paris, ce caravansérail des nations, visité par la colère infinie. Il y a les ravages, puis monte le réparateur. La Révolution, c'est le mal ; elle entasse les décombres. Le bien personnifié dans la papauté, le Concile du Vatican, le roi promis, saint Michel, protecteur des Français et d'Henri V, répareront ces ruines de leurs mains triomphantes.

« L'avenir, un avenir qui se hâte vers nous, est tout entier dans ces lignes de la prédiction de Prémol, citées par M. Boudon : « *Voici ceux que j'ai choisis pour mettre la paix entre l'Archange et le Dragon, et qui doivent renouveler la face de la terre. Ils sont mon Verbe et mon bras ! Et c'est mon esprit qui les guide ».*

« L'opuscule dont nous donnons le croquis devrait être répandu abondamment : il fortifierait les uns ; il confondrait les autres ».

QUELQUES MOTS

SUR LE ROLE DE LA FRANCE

Par rapport à l'Œuvre de Régénération religieuse et sociale
très-prochainement attendue

Et adjuvit terra mulierem.
(Apoc., xii, 16.)

Nous avons à nous demander ici, d'abord, vu cette prédestination mystérieuse en vertu de laquelle, pendant tant de siècles, le sort de notre France, le grand missionnaire de Dieu, comme on l'a appelée, pour l'aide et le triomphe de son Eglise, a été si longtemps lié à celui d'une famille, l'ancienne famille de nos rois, à nous demander, dis-je, si le motif qui a poussé la première à éloigner de son sein cette dernière, est légitime ; et puis, si cette séparation ne doit pas un jour cesser et même prochainement, et de quelle manière. J'entre de suite en matière.

Un fait dont personne ne peut nier l'évidence, c'est que, depuis Clovis et pendant de longs siècles, la France a été la main de Dieu ici-bas, son armure, l'épée dont il s'est servi pour la paix et le triomphe de son Eglise. Mais, depuis plus d'un siècle, il faut bien l'avouer, il y a eu un fatal divorce entre l'un et l'autre. L'empire de l'Antichristianisme ou de la Révolution sous toutes ses formes a eu son véritable centre, son foyer chez nous. Voilà pourquoi notre pays, ayant chassé Dieu de chez lui, n'a plus voulu, par une conséquence rigoureuse et naturelle, n'a plus voulu avoir, depuis, de chef ; et l'esprit de subordination, condition pourtant nécessaire de l'ordre pour toute société, en a disparu. Aussi, l'état révolutionnaire, même sous ce dernier rapport, règne encore au sein de notre patrie. Est-elle plus heureuse de cette situation ? Cela n'est pas précisément du ressort de mon présent sujet. Cet état doit-il durer encore longtemps ? Voilà ici la question. Certainement que la France ne peut redevenir grande, forte, belle, que par sa réconciliation avec ce qui a fait dans d'autres temps sa grandeur et sa force ; c'est-à-dire sa réconciliation avec Dieu. Le sage Platon, dans l'antiquité, aurait fait lui-même cette réponse qui, pour les chrétiens, est un élément de vulgaire sagesse. La France réconciliée avec Dieu, les autres nations, précédemment du reste entraînées par elle dans l'Antichristianisme ou la Révolution, ces nations l'imiteraient sans nul doute. Et alors l'Eden de la Rédemption qu'il n'a pas été donné encore à l'homme ici-bas de voir, cet Eden aurait commencé. J'ajoute maintenant que, l'Eglise ayant été vue dans le précédent écrit, ayant été vue d'ailleurs sur ce point précis, Prophète, nous touchons encore à l'avénement de cette ère glorieuse. Qui pourrait, au reste, s'opposer aux desseins du Tout-

Puissant? Les chefs des nations vont donc venir serrer la main à l'Eglise.

Mais, par qui sera représentée, à l'heure de ce rendez-vous solennel des peuples dans la sainte Sion, par qui sera représentée la nation que l'étranger, pas plus que nous, ne ferait aucune difficulté, même malgré des malheurs récents lui venant de son état anormal, ne ferait aucune difficulté d'appeler encore la grande Nation, notre France? Qui donc occupera là, au nom des peuples, dans ce Cénacle humain sacré et universel, le rôle principal? Il faut répondre.

Nous trouvons ici-bas de mystérieuses prédestinations de races : celle de la famille de Seth dans le monde antédiluvien, et celle des descendants d'Abraham jusqu'à la venue du Christ. Nous avons déjà dit que l'on pouvait suivre semblablement, pour ce qui nous concerne, pendant de longs siècles, la trace indélébile et indiscontinuée du même sacre. Mais voilà que chez ces mêmes et anciens peuples, une certaine prédestination aussi mystérieuse pour certaines familles, suit parallèlement celle des races auxquelles elles appartiennent. Dans la première de ces illustres et antiques races, l'histoire sacrée nous présente sur ce sujet la famille d'Hénoch, d'où doit naître Noé qu'on peut appeler le second Père de la race humaine. Dans la race d'Abraham, nous rencontrons la famille d'Isaï, de Bethléem en Juda, qui est père de David, duquel doit venir le Messie.

Chez les Français pareillement, pour tout le temps, c'est-à-dire pour tous les siècles qu'il leur a fallu afin de se débarrasser de tout ce chaos féodal où, par suite de l'invasion germanique, les autres races latines, du reste, avaient été plongées aussi bien que nous, et de se constituer peuple, chez eux, dis-je, une race unique a présidé. Ceci est un fait unique dans l'histoire, de même que la destinée du même peuple ne ressemble à celle de nul autre. Pendant toute cette longue période de siècles, la même souche royale ne se tarira, ne s'épuisera jamais. Bien loin de là, ce sera, au contraire, cette race qui sera obligée de venir remplir le vide laissé par celle de Charles-Quint, tout à fait éteinte dans la patrie de ce grand homme. Et qui ne voit là une destinée tout aussi extraordinaire, disons le mot, tout aussi sacrée pour cette famille, que pour le peuple qu'elle a à représenter ?

Arrive maintenant la Révolution. La famille qui avait représenté jusqu'alors, et même habituellement avec tant de gloire, notre nation, est à ce moment impitoyablement rejetée par cette dernière. On sait de quelle manière. La théologie catholique, d'après saint Thomas, permet dans des cas rares et solennels, à une nation de briser avec un prince ou même une famille royale tout rapport. Etait-ce bien là le cas en 89 ?

Le prince qui a été depuis le Roi-Martyr avait accepté, et même au delà de ce qu'il devait faire, (car que l'on se rappelle la Constitution, dite civile du clergé), avait, dis-je, accepté le programme nouveau. Pouvait-on lui objecter un passé de despotisme ? Mais ce reproche, dans la bouche même de ses ennemis mortels, n'a jamais été sérieux. Pouvait-on même mettre la même accusation à la charge de son prédécesseur ? Celui-ci, malheureusement doué d'un caractère trop indécis, était bien à la vérité encore, comme dit M. de Chateaubriand, dominé par la plus insurmontable des passions ; mais qui a jamais dit qu'il ait été un despote ? Le despotisme royal et si fastueux du siècle précédent, faut-il aller le mettre à la charge de Louis XVI ? Mais qui devait, à cette dite époque, occuper le premier rang ? La puissance féodale ne venait que de disparaître ; le peuple, par conséquent, ne faisait qu'apparaître sur la scène ; il était trop inexpérimenté encore pour occuper une place prédominante. La puissance devait donc, à ce moment, par la force même des choses, appartenir à un seul. Au reste, à cette époque, qui gérait les affaires publiques ? « On se figure », dit M. de Chateaubriand, « que la classe mitoyenne était (alors) éloignée de « tout, que les emplois n'appartenaient qu'aux « nobles ; rien de plus faux », ajoute-t-il, « que cette « idée. Toutes les carrières étaient ouvertes aux « Français : l'église, la magistrature et le commerce « était presque exclusivement le partage des plé- « béiens. La plus haute dignité civile, celle du « chancelier, était roturière. Les bourgeois parve- « naient aux premières places militaires et admi- « nistratives. Louis XIV surtout ne faisait aucune « distinction dans ses choix (1) ». Voulons-nous

(1) *Etudes historiques.* Voici ce que dit, à son tour, sur le même prince, un historien qu'on ne peut guère accuser de courtiser le pouvoir absolu des rois : « Au milieu des pompes de sa cour, il était », dit M. Augustin Thierry, « il était niveleur à sa manière ;

même remonter plus haut ? à Louis XIII, ou plutôt
à Richelieu, son ministre, qui détrôna la classe

« pour lui le mérite avait des droits supérieurs à ceux de la nais-
« sance ; il ouvrait de plus larges routes à l'ascension des hommes
« nouveaux ; au lieu de diviser, il unissait. Il travaillait à rendre
« complète l'unité politique du pays, et, sans le savoir, il prépa-
« rait de loin l'avénement de la grande communauté une et souve-
« raine de la nation »... Ce règne « eut un incontestable mérite,
« celui d'offrir le premier une forme d'administration complète,
« embrassant à la fois, sans effort, d'une manière continue, tous
« les intérêts matériels et intellectuels du pays. Sous ce rapport.
« le gouvernement de Louis XIV fit un pas immense en avant de
« ceux qui l'avaient précédé ; il fixa les bases de ce que j'appelle-
« rais la constitution administrative du pouvoir ; il fut, sauf la
« liberté politique, l'un des plus grands gouvernements que la
« France ait eus jusqu'à ce jour. C'est de lui proprement que datent
« chez nous les temps modernes pour l'action régulière de l'Etat,
« la sociabilité, les mœurs, la langue et le goût national. A ce
« point de notre histoire, nous retrouvons une grande partie de ce que
« nous sommes ; au delà, nous avons peine à nous reconnaître.
« C'est comme un moule puissant dont l'empreinte est restée sur les
« principaux éléments de notre civilisation, littérature, beaux-arts,
« industrie, ordre civil et forces militaires ». Parlant de l'idée
qui nous occupe plus particulièrement, le même dit : « L'un des
« membres (de l'aristocratie), aussi homme d'esprit qu'entêté de l'or-
« gueil de race, appelle le règne de Louis XIV un règne de *vile*
« *bourgeoisie,* parole dont l'âcreté prouve qu'après Richelieu et la
« chute de la Fronde, il s'était passé en France, au profit de l'é-
« galité civile, quelque chose qui, pour les contemporains, avait
« un air de révolution.... Sous Louis XIV, presque tous les mi-
« nistres sortirent de la bourgeoisie ; plusieurs des noms illustres
« dans les armes, et, dans les lettres, tous les grands noms, sauf
« trois seulement, furent *plébéiens* ». (*Essai sur l'histoire du
Tiers-Etat,* ch. x.)

M. Guizot, dans son *Histoire générale de la civilisation en
Europe,* 14° leçon, s'exprime de la sorte sur le même sujet. La
France actuelle ne date donc pas de la Révolution ou de Napoléon Ier, comme plusieurs voudraient se le persuader. Elle date
proprement de Louis XIV, lequel est ainsi proclamé par nos grands
historiens libéraux comme le créateur même et le père de la démocratie moderne, en ce qu'elle a de moral et de sain. La reine Elisa-
beth et Cromwell en Angleterre, Napoléon Ier en France, ont établi

noble pour élever ce qu'on appelait alors la roture,
le peuple ? Je pense bien être dispensé ici de dis-

le régime absolu. Mais, c'est seulement lorsqu'il est entre les mains
de Louis XIV, que ce régime peut être en partie justifié, parce
qu'ici, dit encore M. Augustin Thierry, « il n'était point fondé sur
« la force ni sur la fraude, mais accepté par la conscience de tous ».
(*Ibid.*, ch. IX.)

Ce n'était donc pas la volonté d'un homme, mais le travail des
siècles, qui avait fait cette situation à notre pays. En effet, continue le même historien, « si de ce point culminant (le règne de
« Louis XIV) on porte le regard en arrière jusqu'aux règnes de
« saint Louis et de Philippe-Auguste, il semble qu'on voie se dé-
« rouler un même plan, formé dès l'abord, et à l'exécution duquel,
« chaque siècle, depuis le XIIe, a contribué pour sa part ». (*Ibid.*,
ch. IX.) Maintenant, cela devait-il rester l'état définitif de la constitution du royaume ? Non. Et voilà pourquoi le désir des Français
en 1789 de prendre part au gouvernement du pays était légitime.
A cette dernière époque, où se trouva donc la grande, l'immense
erreur ? Dans le mouvement révolutionnaire qui fit disparaître le
trône. Les Anglais, à la vérité, un siècle auparavant, nous avaient
précédés dans cette voie. Mais la nécessité de l'autorité continua
néanmoins à se faire sentir chez eux. Cromwell fut, sous plusieurs
rapports et avec un nom différent, le Napoléon de nos voisins. Mais
le Protecteur n'avait pas été là précédé par le règne de la Terreur.
Mais, me diront quelques-uns, ce furent l'émigration, le désir de la
noblesse de reprendre ses priviléges, qui amenèrent chez nous ce
régime de sang. Sophisme que cela, répondrai-je. En effet, et
c'est encore M. Augustin Thierry qui parle, « la vieille aristocratie,
« écartée généralement des affaires, n'avait plus, comme classe
« distincte, ni pouvoir, ni influence politique ; la somme de ses pri-
« viléges se trouvait réduite à des exemptions d'impôt que le fisc
« rendait souvent illusoires, au droit exclusif d'admission dans un
« ordre de chevalerie, et à des droits seigneuriaux, devenus moins
« utiles pour elle qu'onéreux pour les habitants des campagnes ».
(*Ibid.*, ch. X.) Or, dans la mémorable nuit du 4 août 1789, les priviléges avaient été spontanément abandonnés par leurs possesseurs
eux-mêmes. Ce fut donc purement la haine de l'autorité, qui fit
chez nous la Révolution. C'est là ce qui établit un abîme entre la
révolution d'Angleterre et la nôtre, et qui fait que la première est
restée, sur quelques points, un objet d'admiration pour l'histoire.
On me dira maintenant que les Stuarts, rétablis ensuite sur leur
trône, en furent chassés une seconde fois. A cela je répondrai que

culper sur un pareil sujet le grand Henri IV, grand en tout, excepté dans ses faiblesses. Ensuite, si, dans cette grande race, sous laquelle et avec le concours de laquelle le peuple est devenu vraiment peuple, que l'on ne l'oublie donc pas, si, aux époques dont nous parlons, il se rencontre quelques taches, où est-ce qu'il n'y en avait pas alors, surtout dans les sphères élevées? Où n'y en a-t-il pas eu encore depuis? Mais, à ces mêmes époques, à côté même du trône, quels exemples! Un duc de Bourgogne, l'élève de Fénelon, dont l'immortel *Télémaque* nous indique encore faiblement les ver-

---

le seul motif de religion en fut la cause : si les Stuarts avaient professé la religion de la majorité de leurs sujets, ils auraient régné en Angleterre jusqu'à l'extinction de leur race. Mais ce qui reste certain, c'est que les Anglais ont toujours regardé la royauté chez eux comme le couronnement nécessaire de leur édifice politique et social. Voilà pourquoi ce peuple, depuis sa grande révolution, a toujours progressé. Terminons donc la nôtre qui dure, hélas ! depuis plus de quatre-vingts ans ; terminons-la par la proclamation définitive de la monarchie nationale et traditionnelle. Et alors auront commencé pour nous des jours de prospérité et de gloire inconnus à nos pères.

Car, au reste, où trouver ailleurs un programme politique, où les graves devoirs de la royauté aient été mieux compris que dans les paroles suivantes, que nous avons entendues, et qui doivent nous éclairer déjà comme l'aurore même d'un nouvel âge, d'une large transformation sociale : « On se dira que j'ai la vieille épée de la « France dans la main, et dans la poitrine ce cœur de roi et de « père qui n'a point de parti. Je ne suis point un parti, et je ne « veux pas revenir pour régner par un parti. Je n'ai ni injure à « venger, ni ennemis à écarter, ni fortune à refaire, sauf celle de « la France, et je puis choisir partout les ouvriers qui voudront « loyalement s'associer à ce grand ouvrage. Je ne ramène que la « religion, la concorde et la paix, et je ne veux exercer de dicta- « ture que celle de la clémence, parce que dans mes mains, et dans « mes mains seulement, la clémence est encore la justice ». (*Mani- feste* de M. le Comte de Chambord, du 8 mai 1871.)

tus, et le Dauphin, petit-fils de ce prince, à si bon droit surnommé le Germanicus de la France, ces deux princes tous deux héritiers présomptifs du trône et tous deux si vite moissonnés par la mort, où aller pour trouver des modèles qui leur ressemblent?

Voilà quelles étaient les pièces à la charge de la royauté chez nous en 89. Aussi, depuis cette époque, ne ressemblons-nous pas à ce maudit antique, à qui rien ne prospérait ici-bas, restant comme frappé d'une malédiction inconnue? Que de victoires ajoutées depuis à des victoires! Comme pour Alexandre, la terre a semblé plus d'une fois n'être pas assez grande pour nous contenir. Et puis, la défaite, l'étranger logé chez nous, et l'amoindrissement. Lorsque nous avions à notre tête nos rois, nous avons progressé, fait notre territoire, bien rarement reculé. Mais je ne dois pas oublier de dire que nous n'avions pas Alger en 1789. A qui devons-nous cette conquête? On le sait encore.

J'ai donc là sous les yeux un phénomène étrange : une famille royale et le peuple qu'elle doit naturellement, providentiellement représenter, comme forcément séparés l'un de l'autre, et qui semblent accomplir tous deux, chacun de leur côté, une expiation mystérieuse. Je dois pourtant me hâter ici d'ajouter que, d'après nos saintes Lettres, il y a l'expiation du juste et celle du coupable, lequel néanmoins, dans sa miséricorde, la divine bonté n'a pas perdu un seul instant de vue : la première, qui nous est signalée dans cette parole de l'Archange à Tobie : « Parce que vous étiez agréable à Dieu, il a

« a été nécessaire que l'épreuve ait tombé sur
« vous (1) ». Aussi, l'épreuve de l'un et de l'autre
doit cesser un jour. Ici, ce sera le jour décrété
dans la pensée du Père céleste (2), où le coupable
reconnaîtra volontiers une faute trop grave, où le
fils ira se jeter dans les bras de son père. Ce sera un
grand jour, que ce jour de réconciliation solen-
nelle entre une race illustre et un grand peuple. Ce
jour ne saurait maintenant être trop éloigné : nous
avons vu les motifs d'espérer dans le précédent
écrit. Tous les peuples mêmes s'associeront alors à
notre joie, et répéteront comme nous avec enthousiasme la parole de Jésus : « N'avez-vous jamais lu
« dans les Ecritures : La pierre qui a été rejetée
« par ceux qui bâtissaient est devenue la principale
« pierre de l'angle ? C'est ce que le Seigneur a fait,
« et nos yeux le voient avec admiration (3) ». Eux
et nous, en ce jour, nous nous rappellerons encore,
avec une admiration mêlée de reconnaissance, la
parole vraiment prophétique prononcée par une
bouche auguste, et qui aura reçu alors son accomplissement :

« Croyez-le bien, je serai appelé, non-seulement
« parce que je suis le droit, mais parce que je suis
« l'ordre, parce que je suis la réforme, parce que
« je suis le fondé de pouvoirs nécessaire pour re-
« mettre en sa place ce qui n'y est pas, et gouver-

(1) *Livre de Tobie,* xii, 13.
(2) *La parole est à la France et l'heure à Dieu,* a, on le sait,
déjà dit le Prince, à la fin du *Manifeste,* qui termine la note pré-
cédente.
(3) *Evangile de saint Marc,* xii, 10.

« ner avec la justice et les lois, dans le but de
« réparer les maux du passé et de *préparer enfin un*
« *avenir* ».

Etant su maintenant que toutes les paroles sor-
ties de la bouche du prince qui a prononcé ce dernier oracle, révèlent en lui une sagesse supérieure
unie à toutes les vertus qui font les héros chrétiens,
à ce point qu'un homme grave, qui a vécu longtemps à ses côtés (M. le baron de Damas), n'a pas
craint de dire que, s'il parvient un jour au trône,
la France aura retrouvé son saint Louis, c'est-à-
dire l'homme très-complet, suivant la pensée de
Voltaire, alors on est obligé de faire la réflexion
suivante : L'existence de cet homme, à notre époque, jointe aux événements majeurs récemment
accomplis dans le sein même de l'Eglise, nous révèle de grands mystères de miséricorde divine pour
nous, pour l'Europe, pour l'Eglise ; ou bien, l'œuvre divine ici-bas viendrait tout à coup à se voiler
à nos regards, à être un véritable mystère : oserai-
je le dire ? comme une contradiction. Car la philosophie morale de l'histoire nous prévient que Dieu
s'est toujours montré extrêmement avare, sur le
sujet qui nous occupe, de ses dons ; et que, lorsqu'il s'est rencontré ici-bas un homme les possé-
dant largement, cet homme avait, de par la Provi-
dence, une grande et nécessaire mission à accomplir.

Si vous me parlez ensuite d'obstacles ou matériels ou moraux à l'accomplissement de cette mission, je vous dirai : Tant mieux, il en faut ici.
L'obstacle sera même le signe certain de cette mission. La même philosophie morale historique est

expresse au sujet de cette dernière assertion. La malédiction primitive, il faut qu'elle se trouve partout ici-bas ; et comme elle est divine, venant du ciel, les sommets les plus élevés ne sauraient en être préservés. Que dis-je ? c'est même là où, comme par une amère dérision du sort, elle se montre davantage. Les dieux, disaient les anciens, aimaient à voir l'homme aux prises avec le malheur. Les accidents ordinaires des choses n'étaient donc pour ces immortels que des spectacles vulgaires ; il leur en fallait qui fussent en rapport avec leur élévation et leur grandeur. L'histoire tout entière de la rédemption a été jetée dans ce moule, à ce point que des héros chrétiens ne croyaient nullement à la bonté d'une entreprise, lorsqu'elle n'avait pas préalablement pris la forme de ce moule mystérieux ou celle de la malédiction primitive. Alors, disaient-ils, et seulement alors, la croix peut avoir ici son triomphe. Voilà, d'après les saints, le fondement unique sur lequel veut bâtir le Christ. Plus donc, d'après eux, ce fondement sera vaste, étendu, profond, plus aussi sera fort, élevé, l'édifice qui reposera dessus.

Pourquoi donc, sur le sujet qui nous occupe, raisonnerions-nous différemment ? Hommes de peu de foi, qui aimez sans doute celui en qui, selon vous, reposent tant d'espérances sacrées, pourquoi alors, semblables au Pierre de l'Écriture, le suivre de si loin ? Pourquoi ne pas sentir la chaleur, la vie, l'enthousiasme saint et immense, d'ailleurs propre à tous les grands révélateurs, tant sacrés que profanes, que celui que vous aimez, possède si pleinement ? Pourquoi la contradiction, la calomnie, la haine, l'aversion sous toutes ses formes ? pourquoi tout cela, suite d'ailleurs inévitable d'un état social révolutionnaire, vous serait-il comme une pierre de scandale ? Pourquoi, en un mot, auriez-vous fini par hésiter gravement dans votre foi ? Vous êtes là en présence de trois termes immenses : la France, l'Europe, l'Eglise. Le quatrième terme ou angle de ce mystérieux quadrilatère, c'est Henri de France. Et, si cette proposition venait à étonner certains, je me contenterais de leur faire seulement remarquer la joie qu'éprouveraient, et que même manifesteraient les ennemis de la France au dehors, s'ils venaient à apprendre sa mort. Mais cette joie, car Dieu veut sauver la France, il veut sauver l'Europe, il veut sauver l'Eglise, cette joie ne leur sera pas donnée. Henri de France ne peut pas mourir encore, parce qu'il n'a pas encore accompli sa mission. Mais nous avons vu aussi qu'ici la croix, la contradiction, doivent être en rapport même avec l'élévation qu'elles annoncent. Donc, que votre foi, vous qui ne sauriez plus espérer, redevienne à ce sujet grande, sûre, forte, complète.

Cela dit, maintenant, dans l'intérêt de son pays, il y a certaines préventions qu'il ne serait nullement inutile ici, je crois, de chercher au moins à dissiper.

Les ennemis s'adressent aux masses, parce que celles-ci se laissent plus facilement séduire. Le prince a dit et répété plusieurs fois : « Je ne veux « pas être le roi d'une *classe* ou d'un *parti*, mais le « roi de tous ». Il a ajouté à qui voulait l'entendre :

« Le *mérite* et les *services* seront les *seules distinctions*
« *à mes yeux* ». Or, ses ennemis savent bien eux-
mêmes que jamais le mensonge n'est venu effleurer
ou souiller ses lèvres augustes. Or, quelle est la
démocratie qui ne voudrait accepter à sa base des
institutions aussi largement, aussi sagement libé-
rales que celles indiquées ici ?

Mais pourquoi alors les mêmes hommes, non pas
tant les ennemis de la personne du prince que de
la chose publique, vont-ils glisser à l'oreille du
peuple des choses odieuses, frapper douloureuse-
ment son imagination, par exemple, des mots de
dîmes pour le clergé, de *droits féodaux* à rétablir et
autres choses pénibles d'un autre âge, dont un in-
commensurable abîme nous a séparés sans conteste
à tout jamais : choses, du reste, qui n'étaient point
particulières à la France, puisqu'il y a encore des
pays en Europe où de tels usages n'ont pas encore
disparu ?

Voici, au reste, ce que M. le comte de Chambord
écrivait, en novembre 1873, à M. le vicomte de
Rodez-Bénavent, sur ce sujet :

« Mon cher Vicomte, le sentiment qu'on éprouve,
« en lisant les détails que vous me donnez sur la
« propagande révolutionnaire dans votre province,
« est un sentiment de tristesse ; on ne saurait des-
« cendre plus bas pour trouver des armes contre
« nous, et rien n'est moins digne de l'esprit français.

« En être réduit, en 1873, à évoquer le fantôme
« de la *dîme,* des *droits féodaux,* de l'intolérance reli-
« gieuse, de la persécution contre nos frères sé-
« parés ; que vous dirai-je encore, de la guerre fol-

« lement entreprise dans des conditions impossibles,
« du gouvernement des prêtres, *de la prédominance*
« *de classes privilégiées !*

« Vous avouerez qu'on ne peut pas répondre sé-
« rieusement à des choses si peu sérieuses. A quels
« mensonges la mauvaise foi n'a-t-elle pas recours
« lorsqu'il s'agit d'exploiter la crédulité publique ?
« Je sais bien qu'il n'est pas toujours facile, en face
« de ces indignes manœuvres, de conserver son
« sang-froid ; mais comptez sur le bon sens de vos
« intelligentes populations pour faire justice de *pa-*
« *reilles sottises* ».

Pourquoi ne me serait-il pas ensuite permis
de rappeler, à cette même occasion, que ce furent
précisément des paysans, chez nous, qui, tout en
combattant pour la religion et leurs autels, dans
cette lutte fameuse si justement appelée lutte de
géants, défendaient aussi cet ancien état de choses,
dont actuellement personne en Europe ne désire
assurément le retour ?

J'ajoute ce dernier mot de défense. N'est-ce pas
une vérité que, tout à coup, en 89, se firent entendre à notre tribune française, touchant la liberté, l'indépendance, la grandeur de l'homme et
celle des nations, des accents dignes des plus beaux
temps d'Athènes et de Rome, accents qui étonnè-
rent si fort l'Europe encore asservie (1) ? Eh bien !

______

(1) A la place de ce despotisme césarien à qui, au reste, l'établissement de la Réforme avait ouvert, en Europe, une si large porte,
comme dit Balmès (voir de lui le *Protestantisme comparé au
Catholicisme*), on a mis, depuis, la *liberté* révolutionnaire. Mais
celle-ci est aussi le despotisme sous une autre forme, et même par
son essence, qui d'ailleurs ne le sait ? un despotisme bien plus des-

qu'est-ce que cela indique à celui qui sait un peu réfléchir? C'est que, sous cet ancien régime dont personne, je le répète, ne désire le retour, les termes de monarchie illimitée, de pouvoir absolu, chez nous, n'étaient là que le mot, et que la liberté était la vraie chose, le vrai élément, le fruit natif d'un terroir qui porte d'ailleurs son nom. Trois ans seulement après 1789, l'Europe entière se rue contre la France. Celle-ci se lève alors comme un géant, et triomphe à plusieurs reprises de cette Europe tout entière coalisée. Ou ceci est un événement inexplicable en histoire, ou ce peuple portait de longue date dans ses traditions, dans son tempérament naturel, dans les usages de sa vie, l'exercice de la liberté. Un peuple né esclave, et qui n'est libéré que d'hier, ne se bat pas comme çà. Mais, donc, la monarchie, même absolue, n'avait pas été elle-même un obstacle à ce que les Français fussent devenus des hommes complets, c'est-à-dire, des hommes libres, à ce que la France fût restée la vraie tête de l'Europe. Or, qu'on veuille y prêter attention, ce n'est plus une monarchie de cette sorte qui est ici réclamée. Les promesses sur ce dernier point sont encore formelles : « Sou-« mettre avec confiance les actes du gouvernement « au sérieux contrôle de réprésentants librement « élus ».

Une objection qu'on me présente. On dira :

tructif. La liberté véritable est celle qui nous peut venir seulement de l'Evangile véritablement et socialement appliqué. Espérons-le fermement, l'avénement de cette dernière est proche. Alors, aura commencé ce qu'on peut appeler le règne *temporel*, *social* du Christ, depuis si longtemps attendu.

Mais, dans une monarchie quelconque, celui qui la représentera pourra souvent être bien petit. Inconvénient qui peut moins souvent se rencontrer dans une république. Je réponds : Que m'importe que le monarque soit petit, pourvu que la monarchie reste grande ? Ne venons-nous même pas de voir, pour ce qui nous concerne, la rigoureuse application de mon assertion ? Ici, la grandeur de l'institution, la chaîne des saines traditions aussi sacrées pour ce qui concerne la politique et le salut des peuples que pour ce qui touche à l'ordre moral, couvrira la petitesse de l'homme placé au premier rang. Que le chef de l'Etat soit, au contraire, électif, qui pourra nous dire que la masse dont à une époque surtout d'état révolutionnaire, comme est la nôtre, dont on sera peut-être parvenu à pervertir le bon sens natif, que, dis-je, la masse, plus d'une fois, ne se fourvoiera pas étonnamment dans ses choix (1) ?

Pourquoi donc la France, sur le présent sujet, ne hâterait pas une solution, n'émettrait-elle pas

(1) Quoique ceci soit peu propre à nous flatter, qui n'admirera néanmoins la justesse de la parole du Pape, appelant dernièrement le suffrage universel « le mensonge universel? » Que veut nous dire par là ce dernier ? Il veut nous dire que le suffrage universel a besoin d'être bien dirigé pour produire de bons résultats ; sans quoi, surtout dans nos temps agités, ledit suffrage universel aurait vite conduit une nation à sa perte. Mais, en regardant ce qui s'est passé chez nous depuis bientôt quatre-vingts ans, ne semble-t-il pas que Dieu ait vraiment, formellement, pour notre pays, condamné cela pour ce qui concerne l'acte suprême par lequel une nation fixe elle-même la forme de son gouvernement ? Quels ont été les gouvernements qui aient été plus acclamés, dans leur commencement, que les deux *Empires* ? Où nous ont-ils ensuite conduits l'un et l'autre ?

une affirmation claire et précise ? Est-ce donc que la race des Vermech et des Pyat est si loin de nous ? Est-ce qu'on ne sait pas que dans les bouges de certains grands centres est une armée bien disciplinée et n'attendant que le mot d'ordre ? Sommes-nous donc si loin de la commune de 71 ? Est-ce qu'on ne sait pas que le pétrole, pour incendier notre capitale, peut largement suppléer au canon ? Et que serions-nous, nous Français, sans Paris, qui est, suivant le langage d'un de nos grands poëtes, la reine, la tête, la couronne du monde, le grand caravansérail des nations ? Ah ! aurions-nous alors, et l'étranger même avec nous, à nous lamenter, répétant ces mots qui se trouvent dans l'Apocalypse : « Hélas ! hélas ! qu'est devenue cette « grande ville qui était vêtue de fin lin, de pourpre « et d'écarlate, et parée d'or, de pierreries et de « perles ? car toutes ses richesses se sont évanouies « en un moment (1) ». Ne pourrait-on donc point, en ce moment, nous adresser à nous tous actuellement, suivant un langage nouveau, souverain ou portion du souverain, les paroles sacrées : « Et « vous maintenant, ô rois, comprenez : instruisez-« vous, vous qui jugez la terre (2) ? »

Mais je détourne vite mes regards de ces tristes images, et vais dire encore quelques mots sur nos motifs d'espérer.

L'Apocalypse reste sans doute pour nous un livre triplement scellé ; car qui pourra en pénétrer ici-bas les impénétrables arcanes ? Néanmoins,

(1) xviii, 16, 17.
(2) Psaume ii, 10.

M. de Maistre ne nous dit-il pas : « Il n'y a plus de
« religion sur la terre ; le genre humain ne peut
« demeurer dans cet état ? *Des oracles redoutables*
« annoncent d'ailleurs que les temps sont arrivés !
« Plusieurs théologiens ont cru que des faits du
« premier ordre et peu éloignés étaient annoncés
« dans la *Révélation de saint Jean... que plusieurs*
« *prophéties, contenues dans l'Apocalypse, se rap-*
« *portaient à nos temps modernes* (1) ». — « Un
« écrivain », ajoute-t-il, « a été jusqu'à dire que
« l'événement avait déjà commencé, et que la
« nation française devait être le grand instrument
« de la plus grande des révolutions *(dans le sens de*
« *l'ordre).* Il n'y a peut-être pas un homme vérita-
« blement religieux en Europe (je parle de la
« classe instruite) qui n'attende dans ce moment
« quelque chose d'extraordinaire (1) ».

A n'en pas douter, M. de Maistre, à lui étant
connus les événements graves récemment accomplis dans le sein même de l'Eglise, et aussi la
haute Personnalité qui nous occupe en ce moment,
aurait vite ajouté : « La voilà sous mes yeux
« trouvée la solution du sacré et si mystérieux
« problème. Evidemment le chapitre xii de l'Apo-
« calypse se rapporte à nos temps. Cet allégorique
« *enfant mâle* mis au monde par la femme mysté-
« rieuse dont il est là parlé, n'est autre chose que
« le concile du Vatican et son décret fameux
« touchant la papauté. Et par cette Terre égale-
« ment figurative qui vient ensuite au secours de

(1) *Soirées de Saint-Pétersbourg*, xi⁰ Entretien.
(1) *Ibid.*

« la femme : *Et adjuvit Terra Mulierem*, il faut lo-
« giquement, rigoureusement entendre la puis-
« sance séculière, par conséquent la France et son
« roi divinement choisi, venant providentiellement
« au secours de l'Eglise et même de tout l'ordre
« social européen, si gravement compromis par la
« tempête révolutionnaire ». Oui, c'est là très-cer-
tainement ce qu'aurait dit, s'il avait vécu dans nos
temps, l'étonnant génie, prophète, dont il est ici
question.

Le même disait : « La Révolution... en France
« étant le mal pur, le mal radical, cela ne peut
« durer... Il y a en elle un caractère *satanique* (1) ».
Les combats acharnés, les luttes prolongées de
saint Michel avec Satan, dont est plein le chapitre XII
déjà mentionné de l'Apocalypse, ne se rapportent-
ils donc pas tous à notre époque, et n'ont-ils pas
notre France pour principal théâtre ? Que ne nous
dirons pas encore les paroles suivantes :

« Viens, Satan, viens, le calomnié des prêtres et
« des rois, que je t'embrasse, que je te serre sur ma
« poitrine ! Il y a longtemps que je te connais et
« que tu me connais aussi. Tes œuvres, ô le béni
« de mon cœur, ne sont pas toujours belles ni
« bonnes ; mais elles seules donnent un sens à
« l'univers et l'empêchent d'être absurde (2) ».
Plusieurs connaissent déjà ces mots, ou plutôt ce
blasphème satanique, se divinisant lui-même. C'est
là l'anti-christianisme à son apogée et nous donnant

(1) *Considérations sur la France.*
(2) Proudhon, *De la justice dans la Révolution et dans
l'Eglise*, t. III.

le dernier mot de lui-même. Le voilà donc, lui Satan, l'irréconciliable ennemi de saint Michel, son vainqueur céleste, en même temps que l'antique protecteur des Français, le voilà assis, triomphant et glorieux, pour les jours décrétés dans les ténébreux conseils de la divine justice, assis sur un trône révolutionnaire et homicide.

C'est lui qui avait armé, le 13 février 1821, la main d'un infâme assassin. Mais pourquoi le poignard, au lieu d'éteindre trois vies augustes, ce qui était facile, s'arrêta-t-il à la première victime ? Fatalité des choses, diront les adorateurs du hasard.

Mais voici. Le 29 septembre suivant, un grand événement réjouissait la France. On sait que ce jour est consacré à saint Michel, l'ange tutélaire de la nation.

Le nombre 13 est un nombre malheureux, dit-on. Et, en effet, plus tard, en 1842, un autre infortuné prince, le 13 juillet, en face d'une porte au-dessus de laquelle était encore écrit le n° 13, perdait lui-même inopinément et bien tristement la vie. Si cela convient à Satan, laissons-lui le nombre 13, chiffre dont il date, paraîtrait-il, ses décrets de mort contre les héritiers des trônes. Mais aussi, à celui qui sait un peu lire dans le livre bien mystérieux où sont écrites les destinées providentielles des empires et des familles qui les gouvernent, estce qu'il ne lui semble pas que saint Michel, chef des Archanges et de toutes les Hiérarchies célestes, le 29 septembre 1821, était venu se réjouir avec les Français, divinement commis à sa garde, et ses enfants, et par conséquent leur indiquer avec certitude que c'était bien lui-même qui, le 13 février d'auparavant, avait détourné le fer meurtrier de deux des trois illustres victimes dévouées, ce jour, à la mort par Satan ? La France, au reste, comprit vite le divin et si souriant horoscope. Car elle s'empressa de chanter avec son poëte :

> Il est né l'enfant du miracle,
> Héritier du sang d'un martyr.

Incipe, parve Puer, risu cognoscere Matrem (1), dirai-je avec le poëte. Ces joies mutuelles, quoique distantes, hélas ! de nous par de trop longs intervalles, il nous sera donné très-prochainement de les connaître encore. Mais ainsi Michel, le grand délégué, le grand ministre de Dieu pour ce que je me permettrai d'appeler les *affaires* de France, s'était déclaré solennellement le parrain, le protecteur du dit *Enfant du miracle*. Et ce qui est confié à la garde du puissant Archange saurait-il n'être pas bien gardé ? Le signe sacré de mystérieuse protection, empreint par ledit Archange sur le front auguste de son pupille, paraît au reste si bien que, de nouvaux malheurs venant à arriver pour la France, en 1830, Odilon-Barrot, représentant de l'ordre nouveau, et qui avait accompagné jusqu'à Cherbourg la vieille famille de nos monarques, ne put s'empêcher. comme un autre Balaam, au nom d'un grand pays, hélas ! trop ingrat, ne put s'empêcher de crier au vieux roi qui partait pour l'exil :

(1) Nous pouvons ici traduire : « Commence, *Fils de France*, à connaître ta Mère à son sourire ».

« Sire, conservez bien cet enfant précieux, sur le-
« quel reposent les destinées de la France ». Ce que
je dis ici est-il donc alors autre chose que le commentaire exact du mot que le député libéral pro-
nonça alors ?

Depuis que cette parole a été dite, les choses
chez nous ont succédé aux choses, les personnes
aux personnes, des sauveurs ont paru qui, ensuite,
ont été reconnus n'être pas des sauveurs. Enfin, à
bout de remèdes, humiliée, amoindrie à l'extérieur,
se sentant incessamment menacée au dedans par
la torche révolutionnaire, à l'heure présente, notre
patrie courbe la tête, non toutefois comme l'esclave, parce que dans ses veines illustres n'a jamais
coulé le sang de l'esclave, mais bien à la manière
de l'enfant de l'Islam qui, croyant à la nécessité,
cherche à se distraire de pensées pénibles. Néanmoins, elle la relèverait un instant sa tête, cette
noble tête réservée encore à tant de glorieuses destinées, le jour où, par une hypothèse que je déclare
encore très-fermement ne pouvoir pas arriver, et
qui n'arrivera pas, le jour où elle apprendrait que
le grand et légitime descendant de ses rois vient
de mourir à l'étranger. Alors, elle regarderait autour d'elle, et tous ceux qui croient encore en Europe s'associeraient ici à son deuil, elle regarderait
autour d'elle, et, n'y rencontrant aucun sauveur,
elle prononcerait cette parole qui fut, il y a cent
ans, qui fut dite sur le sépulcre d'une autre nation
illustre, et aussi bien malheureuse : *Finis Galliæ !
Finis Galliæ !!!* Oui, la France serait alors arrivée à
sa fin. Car une nation, tout comme un individu, ne

vit pas seulement de pain. Il lui faut aussi de l'air ;
il lui faut des conditions de vie, de lumière qui l'ont
fait vivre dans le passé. Or, tout cela, à notre
France, par la mort d'un seul homme, lui aurait
manqué tout à coup.

Et ce qui met cette dernière affirmation hors de
tout doute, c'est (je le répète dans ce court écrit
pour la seconde fois), c'est la joie mal contenue
qu'éprouveraient à cette occasion les ennemis de
notre pays au dehors. Français, ne savons-nous
donc plus lire ? et faut-il que les ennemis de nos
gloires soient forcés eux-mêmes de nous rappeler
ici au sentiment de notre dignité nationale, et de
nous ouvrir l'intelligence pour que nous compre-
nions ?

Théodose le Jeune regardait le nouveau Jean-
Baptiste de son temps, saint Daniel le Stylite, placé
sur sa colonne au bord du Pont-Euxin, comme la
colonne elle-même et le boulevard de son empire.
Henri de France, voilà donc aussi la colonne, le
boulevard que Dieu prépare dans la solitude, « dans
« le désert », où il est mystérieusement nourri par
lui, « un temps, des temps et la moitié d'un
« temps (1) », à l'instar de cette grande femme Apo-
calyptique, c'est-à-dire l'Eglise, dont il doit être le
plus ferme appui.

Il a reçu, à l'égard des générations actuelles, le
sacre même dont Moïse avait été gratifié pour
sauver son peuple. Et, chose remarquable, rien ne
manque ici au parallèle entre deux destinées bien

______

(1) Apocalypse, xii.

mystérieuses. L'un a été providentiellement préservé d'une mort certaine après sa naissance, l'autre, avant même de naître. Tous deux ensuite se trouvent dans le palais des rois ; après, on les voit encore l'un et l'autre de bien longues années dans la solitude. Il faut donc rigoureusement qu'ici comme là, paraissent l'Horeb sacré, la majesté divine disant : « J'ai vu l'affliction de mon peuple ; j'ai entendu le « cri qu'il jette... Le cri des enfants d'Israël est « donc venu jusqu'à moi ; j'ai vu leur affliction. « Mais venez... (1) ». Or, voilà qu'à son premier pas, Moïse rencontre la bête pharaonique, « le « grand dragon », comme dit saint Jean, « cet an- « cien serviteur qu'on appelle diable et Satan (2) ». Semblablement ici se trouve la même bête ou l'anti-christianisme, la Révolution voulant empêcher ici comme là une mission fameuse. Nous l'avons déjà rencontrée, tenant à la main un fer homicide. Mais l'apparition subséquente du grand Archange des cieux est venue presque subitement ensuite nous consoler. Nous reverrons encore celui-ci. Et ici l'analogie mystérieuse continue. Car qui ne sait que cet Archange fut aussi le conducteur fidèle du Libérateur du peuple de Dieu ?

Ce sera donc lui-même, Michel, le protecteur de notre patrie, qui viendra nous expliquer les causes de la mystérieuse prédestination commune d'un grand peuple et de la famille de ses rois, que l'esprit de révolution ne pouvait anéantir, parce qu'il ne peut rien sur ce que Dieu a providentiellement

(1) Exode, III.
(2) Apocalypse, XIII.

établi, et ensuite les grandes causes d'un rapprochement long et durable entre l'un et l'autre. Alors sera terminée cette révolution fameuse qui durait déjà depuis près d'un siècle, et dont l'étranger lui-même avait souffert aussi bien que nous. Et à partir de ce moment la France aura commencé à reprendre, sous la direction d'un chef glorieux, ses hautes destinées.

Alors on reverra, et cela avec une joie non feinte, parce que tous les préjugés auront disparu, alors on reverra apparaître à la tête de nos armées, comme aussi flotter au-dessus de nos glorieux édifices, le signe visible, matériel, le sacrement extérieur de la vie sociale d'un peuple, le drapeau traditionnel et si glorieux de la France. Car, lorsqu'une épouse, d'infidèle redevient fidèle, elle rejette loin d'elle non-seulement ses amants adultères, mais encore jusqu'au signe qui les rendait toujours présents à ses yeux, jusqu'à leur portrait et leur image. Une réconciliation durable n'est ici possible qu'à ce prix.

Mais, pour achever sur l'analogie tout à fait frappante existant entre deux destinées bien remarquables, de même que le conducteur des enfants d'Israël resta providentiellement à la tête de son peuple pendant tout le temps qui était nécessaire pour la formation de ce même peuple, c'est-à-dire pendant de longues années, il semble que, pareillement, la destinée des grands Révélateurs étant d'ailleurs de ne jamais vieillir, et ensuite Dieu ayant formellement promis à ses justes, dans ses Écritures, cette dernière bénédiction ; il semble, dis-je, qu'une large bénédiction de cette sorte sera l'heureux partage du sage Conducteur que Dieu va prochainement mettre à notre tête (1).

Et qu'on n'aille maintenant pas, au sujet de ces points de coïncidence ici trouvés entre la vie de deux grands hommes, qu'on n'aille, dis-je, pas lancer à mon adresse l'imputation de flatterie ; car je serais ici, comme d'ailleurs tout lecteur intelligent l'aura facilement vu, je serais alors obligé, ce semble, de la renvoyer à Dieu lui-même, ladite imputation de flatterie.

Ici maintenant, quoique, dans tout ce travail, je ne me sois nullement étayé des données des Mystiques, je vais me permettre de citer le passage de l'un d'eux, non point tant encore pour appuyer la présente thèse (2), que pour lui prêter un instant un coloris, un grandiose que je n'aurais su assurément trouver moi-même. Car, dans quel livre des divines prophéties de la Bible rencontrons-nous un ton plus élevé que dans les paroles suivantes? Ces mêmes paroles vont être en même temps un commentaire très-clair du verset seizième du chapitre douzième de l'Apocalypse. Je cite :

(1) Ne pourrait-on pas retrouver encore cette mystérieuse analogie dans l'existence de deux grands hommes jusque dans ce fait, que ni l'un ni l'autre n'auront laissé de successeur direct de leur sang au pouvoir, le successeur de Moïse s'étant en effet rencontré hors de sa famille, et celui du Prince dont il s'agit ici se trouvant à la vérité, dans sa famille même, mais dans une nouvelle branche. La destinée des Révélateurs est d'être introducteurs. Or, Dieu ne confie ce rôle qu'à un homme. La destinée de celui-ci est donc de rester solitaire.

(2) Nous n'avons trouvé d'autres grands motifs d'espérer que les promesses, d'ailleurs très-respectables, de la mystique chrétienne.

« Et je vis venir », est-il dit, « un homme re-
« marquable, monté sur *un lion*. Et il tenait une
« épée flambloyante à la main. (Son symbole indi-
« quait la *France*.) Et le *lion* mit le pied sur la tête
« du *dragon*. Et sur son passage, tous les peuples
« s'inclinaient ; car l'esprit de Dieu était en lui ! Et
« il vint aussi sur les ruines de *Sion*, et il mit sa main
« dans la main du Pontife, et ils appelèrent tous
« les peuples, qui accoururent. Et ils leur dirent :
« *Vous ne serez heureux et forts qu'unis dans un même*
« *amour !* Et une voix sortit du ciel au milieu des
« éclairs et du tonnerre, disant : Voici ceux que j'ai
« choisis pour mettre la paix entre l'Archange et
« le Dragon ; *et qui doivent* renouveler la face de
« la terre ! *Ils sont* mon Verbe et mon bras ! Et
« c'est mon Esprit qui les guide ! Et je vis des *choses*
« *merveilleuses !* Et j'entendis les *cantiques* s'élever
« de la terre vers les cieux (1) ».

(1) Est-ce que les hommes politiques de notre Europe ne pour-
raient pas étudier dans le même oracle sybillique, un passage qui
précède celui que je viens de citer ? Le grand Cicéron n'a-t-il pas
écrit lui-même un livre sur *la Devination et le Destin ?* Voici le
passage : « Quel est ce bruit d'armes, ces cris de guerre et d'é-
« pouvante qu'apportent les quatre vents ? Ah ! *le Dragon* s'est
« jeté sur tous les Etats, et y porte la plus effroyable confusion ;
« les hommes et les peuples se sont levés les uns contre les autres !
« Guerre ! Guerre ! Guerres civiles, guerres étrangères ! Quels chocs
« effroyables ! Tout est deuil et mort et la famine règne aux champs !
« *Jérusalem ! Jérusalem !* sauve-toi du feu de *Sodome et de Go-*
« *morrhe et du sac de Babylone !!* Eh quoi ! Seigneur, votre
« bras ne s'arrête pas ! N'est-ce donc pas assez de la fureur des
« hommes pour tant de ruines fumantes ? *Les éléments doivent-ils*
« *encore servir votre colère ?* Arrêtez, Seigneur, arrêtez. Vos
« villes s'abîment d'elles-mêmes ». Je ne continue pas la citation.
Au moins, aura-t-on été obligé de trouver là un beau morceau d'élo-
quence.

Qu'il me soit permis d'ajouter un dernier mot sur la question : c'est pour considérer un instant ce nouvel Astre qui, depuis une vingtaine d'années, s'est élevé dans le firmament du ciel et de l'Eglise. On sait, par ce qui a été déjà dit là-dessus, que je veux parler ici de Marie, de tout temps, dans l'Eglise, qualifiée du titre d'Etoile, *Stella maris !* et récemment acclamée tout Immaculée. Mais, ô prodige ! et qui ne comprendra vite la portée de ce sacrement mystérieux ? Cet Astre mystérieux, comme autrefois l'étoile des mages, a pris une direction singulière. Il a été éclairer un autre Bethléem. Et où se trouve ce *Bethléem* de nouveau genre, cette Grotte de tout temps et par toutes les générations ignorée, et, en ce moment, un centre ineffable de mystérieuse et divine attraction pour tous ceux qui ont foi en l'avenir et en Dieu, tant en France qu'à l'étranger ? Juste sur les terres de l'antique héritage de la Maison particulière de Bourbon, au pied des Pyrénées. Cela, certes, doit dire quelque chose à ceux qui croient encore au cas que fait l'Eternel de la Fille glorifiée de David. Mais voici que cet Eternel, devenu lui-même dans le temps, par Marie, Fils de David, explique à son tour le mystère à ceux qui n'auraient point trouvé ma réponse assez claire. Voici ses paroles : « Je prépare », dit-il, « toutes choses. *La France* « *sera consacrée à mon divin Cœur ; et toute la terre* « *se ressentira des bénédictions que je répandrai sur* « *elle.* La foi et la religion refleuriront en France « par la dévotion à mon divin Cœur ».

Or, n'est-ce pas en ce moment même que la

France tout entière se consacre au Cœur de l'amour infini du Verbe de Dieu ? N'allons-nous pas encore voir, dans quelques jours, s'élever, au sein de notre capitale, en l'honneur de ce Cœur, un monument qui sera le témoignage fameux et tout à la fois si glorieux de la conversion d'une grande nation, sans doute trop longtemps infidèle, mais qui va revenir complétement au Christ et à son amour éternel ? Cela n'est-ce pas un signe ? Les moments donc sont solennels.

Vous êtes donc, ô Prince, objet principal de cette étude, ô mon Roi, vous êtes le Monarque entrevu par saint Jean à Pathmos, ayant pour mission d'asseoir l'Eglise dans la paix, la France dans l'ordre et la vraie liberté. Et comme celle-ci fait office de soleil par rapport aux autres nations, celles-ci l'auront imitée bien vite. Alors vous aurez fermé le temple de Janus par la réalisation de cette grande Fédération européenne, le rêve sublime de votre grand aïeul Henri IV, que d'autres, venus depuis, ont voulu accomplir par l'absorption, par la conquête brutale, œuvre toujours éphémère ; Fédération, qui doit sans nul doute être le but secret social de toutes vos idées, et en quoi même un grand philosophe chrétien (1) trouve tout l'idéal de ce second Eden terrestre, que le seul fait de votre exis-

---

(1) *La Politique catholique*, par l'abbé Chantôme. A cause de son importance, je cite le passage. — « *Conséquences nécessaires* « *de cette fédération*. — Alors l'unité divine, pénétrant la multi- « plicité des choses humaines et leur appliquant la rédemption chré- « tienne, un monde vraiment nouveau sortirait de l'antique déchéance « et de l'anarchie qui en est la suite. Les deux grandes formes de « l'humanité, les deux sociétés politique et religieuse étant parvenues

tence nous indique sûrement être tout proche de nous. Ombres sacrées de l'immortel élève de Féne-

« à produire leur unité, et n'ayant plus qu'un seul et même esprit,
« l'esprit chrétien, Dieu verrait son image dans l'humanité régéné-
« rée. La loi de la trinité serait devenue la loi sociale du genre
« humain ; les deux facteurs de toute multiplication, c'est-à-dire
« l'ordre religieux et l'ordre politique, étant donnés, avec l'esprit
« vivant qui les unit, il est impossible de dire quelles merveilles
« de progrès devraient en résulter.

« La pénétration mutuelle des deux sociétés, tout en les laissant
« parfaitement distinctes et dans leur légitime indépendance, irait
« sans cesse croissant. Alors les peuples, s'unissant de plus en plus,
« accompliraient ensemble de grandes choses, parce qu'ils auraient
« à leur disposition la source de vie qui jaillit du sein de l'Eglise,
« source unique et la seule capable de faire épanouir sur la terre
« une civilisation merveilleuse qui serait la gloire du Christ, le
« triomphe de l'Eglise et le bonheur des nations ; ce serait *la*
« *grande pâque de l'humanité.*

« Le Souverain Pontife, heureux de cette paix fraternelle, pour-
« rait visiter les peuples, comme un pasteur visite son troupeau,
« comme un père visite ses enfants, et par sa présence et ses bé-
« nédictions paternelles, il resserrerait entre eux les liens de l'unité,
« les liens de la paix ; car l'humanité ne serait plus qu'une famille de
« frères librement unis dans la loi de vérité, de justice et de charité.

« Alors l'humanité, entrée en possession de sa pleine multiplicité,
« dans l'unité parfaite, on pourrait dire d'elle, en un sens, ce qu'on
« a dit de Dieu d'une manière absolue : elle est une, elle est mul-
« tiple, elle est toute en tous, elle vit de toute sa vie, c'est une
« sphère dont le centre est partout et la circonférence nulle part.
« Heureux âges où le règne de Dieu aura enfin une visible réalité
« dans le monde !

« Et qu'on ne traite pas de chimères ces douces espérances. Sans
« doute le mal sera toujours ici-bas, toujours il rugira au fond de
« l'humanité déchue et tentera de remonter à la surface pour la
« souiller et la bouleverser ; on verra toujours en ce monde les
« misères de l'exil, les séductions, les épreuves, on y sentira tou-
« jours le fond de cette grande corruption sur laquelle l'Antechrist
« doit dominer un instant aux derniers jours du monde. Mais, aupa-
« ravant, pourquoi le Christ n'aurait-il pas aussi *son règne et sa*
« *glorification terrestre ?* Pourquoi l'Eglise n'aurait-elle pas *son*
« *jour de triomphe, et l'humanité sa semaine de repos, de joie*
« *et d'unité ? Les pressentiments de notre époque* sont ici d'ac-

lon et de son auguste petit-fils, trop tôt moissonnés
par la mort, préparez-vous donc à venir vous repo-

« cord avec les espérances données par les saintes Ecritures. Et
« ces espérances ne semblent pas téméraires, car le Christ, l'Eglise
« et l'humanité ont assez travaillé, assez souffert, pour moissonner
« un jour, *dans une allégresse relative,* ce qu'ils ont semé dans
« les larmes ».

Auparavant, le même écrivain avait dit : « Tout semble favoriser
« le grand dessein que nous avons exposé ; et *les temps fixés* pour
« la réalisation de ce qu'ont voulu les génies chrétiens *semblent*
« *se rapprocher. Ce* que se proposèrent d'une manière plus ou
« moins explicite *les grands princes chrétiens ;* ce qu'ont préparé
« le lent travail des siècles, les luttes religieuses, politiques et so-
« ciales du monde moderne ; ce que la civilisation et, nous pour-
« rions le dire, ce que l'univers entier demande instinctivement au
« moins, doit trouver A NOTRE ÉPOQUE *sa formule définitive et*
« *le commencement de son exécution nouvelle* ».

Pour l'exécution maintenant de ces hautes et magnifiques œuvres,
il fallait, à notre époque, un homme prédestiné par Dieu, l'élu de
sa droite. Or, cet homme, nous l'avons trouvé. Car, au lendemain
même de nos défaites et de nos grands malheurs, ne nous ont-elles
pas été adressées, à nous, Français, des paroles que n'auraient nullement désavouées ni Constantin, ni Charlemagne, ni notre grand
Louis IX ? « Sachons reconnaître », disait le prince dont il est surtout question dans cet écrit, « sachons reconnaître que l'abandon
« des *principes* est la vraie cause de nos désastres. Une nation
« chrétienne », ajoutait-il, « ne peut pas impunément déchirer les
« pages séculaires de son histoire, rompre la chaîne de ses tradi-
« tions, inscrire en tête de sa constitution *la négation des droits*
« *de Dieu,* bannir toute pensée religieuse de ses codes et de son
« enseignement public. Dans ces conditions, elle ne fera jamais
« qu'une halte dans le désordre, elle oscillera perpétuellement entre
« le césarisme et l'anarchie, ces deux formes également honteuses
« des décadences païennes ». (Manifeste du 8 mai 1871.) Or, dans
ces quelques mots, ne trouvons-nous pas tout le programme de
l'établissement de la *vraie liberté,* du règne *temporel, social* du
Christ, présentement attendu ? Et si ensuite on nous parle, à cette
occasion, d'obstacles de diverses sortes, d'impossibilités même abso-
lues, ah ! c'est alors que nous avons à relever la tête et à nous
écrier avec Bossuet : « Quand Dieu veut faire voir qu'un ouvrage
« soit tout de sa main, il réduit tout à l'impuissance et au déses-
« poir, puis il agit ».

ser sur la tête de votre illustre et commun Fils. Il est digne de vous. Le monde, qui vous pleure encore, séchera aussitôt ses larmes, parce qu'il vous retrouvera régnants et vivants en lui. Alors sera trouvé l'idéal même de la monarchie, parce qu'elle sera, celle-ci, largement chrétienne, et qu'elle tiendra compte de tous les progrès accomplis, de tous les besoins d'une époque qui semble les embrasser tous.

Alors le second *Age d'or* de l'humanité aura commencé :

> Ultima Cumæi venit jam carminis ætas :
> Magnus ab integro sæclorum nascitur ordo.
> Jam redit et Virgo, redeunt Saturnia regna ;
> Jam nova progenies cœlo demittitur alto.

Alors, jusqu'aux restes de nos anciennes et trop longues divisions, et dont les autres nations avaient souffert comme nous, auront disparu :

> Te duce, si qua manent sceleris vestigia nostri,
> Irrita perpetua solvent formidine terras.

Alors enfin, la terre entière, à notre exemple, pacifiée, répétera, comme nous, avec joie, ces autres mots fatidiques du même poëte :

> Talia sæcla, suis dixerunt, currite fusis
> Concordes stabili fatorum numine Parcæ (1) !

______

(1) « Tournez, fuseaux, filez ces siècles fortunés », ont dit les Parques, d'accord avec l'ordre immuable des destins. *(Bucoliques de Virgile, Eglogue* IV.)